La migración de la morsa

Grace Hansen

Abdo
LA MIGRACIÓN ANIMAL
Kids

abdopublishing.com

Published by Abdo Kids, a division of ABDO, P.O. Box 398166, Minneapolis, Minnesota 55439.

Printed in the United States of America, North Mankato, Minnesota.

102017

012018

Spanish Translator: Maria Puchol

Photo Credits: iStock, National Geographic Creative, Shutterstock

Production Contributors: Teddy Borth, Jennie Forsberg, Grace Hansen

Design Contributors: Dorothy Toth, Laura Mitchell

Publisher's Cataloging in Publication Data

Names: Hansen, Grace, author.

Title: La migración de la morsa / by Grace Hansen.

Other titles: Walrus migration. Spanish

Description: Minneapolis, Minnesota : Abdo Kids, 2018. | Series: La migración animal | Includes online resources and index.

Identifiers: LCCN 2017945869 | ISBN 9781532106453 (lib.bdg.) | ISBN 9781532107559 (ebook)

Subjects: LCSH: Walrus--Juvenile literature. | Marine mammals--Behavior--Juvenile literature. | Animal migration--Juvenile literature. | Spanish language materials--Juvenile literature.

Classification: DDC 599.79--dc23

LC record available at https://lccn.loc.gov/2017945869

Contenido

La morsa

Las morsas viven en aguas **poco profundas** de los océanos Pacífico y Atlántico. Las morsas del Pacífico **migran** mucho más que las del Atlántico. Llegan a viajar hasta 2,000 millas al año (3218.7 km).

Estas morsas del Pacífico se encuentran en los mares entre Rusia y Alaska.

Pasan los inviernos en el mar de Bering. Se amontonan en los bloques de **hielo compacto**. El invierno es su época de **apareamiento**.

En busca del hielo

A medida que llega la primavera el **hielo compacto** se descongela. Las morsas viajan hacia el norte en busca de más hielo.

La mayoría van nadando, pero algunas se montan en **banquisas de hielo** para moverse.

Pasan el verano en el mar de Chukotka. Las hembras llegan más lejos que los machos. Van en busca de **hielo compacto**, aguas **poco profundas** y mucha comida. Ahí nacerán sus crías.

Las crías de morsas nacen durante mayo y junio. Las madres cuidan, alimentan y protegen a sus crías.

De vuelta al mar de Bering

Cuando llega el otoño, las morsas se preparan para viajar al sur de nuevo. Las hembras y las pequeñas crías se reúnen con los machos en el mar de Bering.

Vuelven a amontonarse en los bloques de **hielo compacto** para mantenerse calientes. **Se aparean**, comen y esperan a que llegue la primavera.

Rutas migratorias

Glosario

aparearse – juntar animales machos y hembras para tener crías.

banquisa de hielo – zona grande de hielo, es plana y flota en el océano.

hielo compacto – bloque enorme de hielo flotando en el océano, creado de la unión de otras piezas más pequeñas que se han congelado juntas.

migrar – trasladarse del lugar en que se habita a otro en cierto momento del año.

poco profundo – que no está hondo.

Índice

¡Visita nuestra página **abdokids.com** y usa este código para tener acceso a juegos, manualidades, videos y mucho más!